Der heute nicht mehr existierende Aufgang zur Neustädter Pfarrkirche St. Ägidien in Heiligenstadt. (Georg Klingebiel)

Das Eichsfeld in Farbe

Nach der Festlegung des Grenzverlaufs durch das Wanfrieder Abkommen 1945 pflügte man 1952 einen Zehn-Meter-Streifen, der 1961 im Höheberg bei Lindewerra zu einer mehrere hundert Meter breiten Schneise vergrößert wurde und einen Stacheldrahtzaun erhielt. Später folgten Streckmetallzäune und Hundelaufanlagen. Das Foto wurde heimlich aufgenommen, da es strikt verboten war, Grenzsicherungsanlagen zu fotografieren.

Torsten W. Müller

Das Eichsfeld in Farbe

Impressionen aus den 50ern und 60ern

SUTTON ARCHiV

Der Autor: Dr. Torsten W. Müller ist Direktor der Museen der Stadt Heilbad Heiligenstadt und leitet das kulturhistorische Eichsfeldmuseum. 2014 hat er an der Universität Erfurt mit einer Arbeit zu den Heimatvertriebenen in Thüringen promoviert.

Der Historiker überzeugte durch zahlreiche Publikationen zur Kultur- und Zeitgeschichte Mitteldeutschlands. Die Reihe des wissenschaftlichen „Eichsfeld-Jahrbuches" begleitet er federführend als Schriftleiter. Seine Forschungsschwerpunkte liegen in den Bereichen Zeitgeschichte, Landesgeschichte und Kirchengeschichte. Müller war an zahlreichen Ausstellungen und Medienprojekten beteiligt.

Einband vorn: Kinder spielen um 1959 auf der Straße des 90-Seelen-Dorfes Eichstruth.

Vorsatz: Zwei Mädchen widmen 1963 einem Dackel ihre ganze Aufmerksamkeit. Seit den 1960er-Jahren ist der Dackel in den deutschen Welpen-Statistiken immer ganz oben mit dabei. Er wird allgemein mehr als Begleithund denn als Jagdhund gehalten.

Nachsatz: Höhepunkt der Getreideernte war für die Kleinbauern in Lindewerra das Dreschen auf dem Sportplatz mit einer mobilen Dreschmaschine, das vor den Resten der am 8. April 1945 gesprengten Werrabrücke erfolgte. 1954 ahnte niemand, dass der Dreschplatz von 1961 bis 1989 militärisch gesichertes Grenzgebiet sein würde.

Einband hinten: Vor dem Höhendorf Wachstedt steht ein Trabant, der als moderner Kleinwagen die Massenmotorisierung der DDR ermöglichte. Ab 1957 wurde diese Pkw-Baureihe im VEB Automobilwerk Zwickau, später VEB Sachsenring Automobilwerke Zwickau, hergestellt.

Impressum

Sutton Verlag GmbH
Arnstädter Straße 8
99096 Erfurt
www.suttonverlag.de

2. Auflage, 2020

ISBN: 978-3-95400-815-5
Druck: Florjančič Tisk d.o.o. / Slowenien
Gestaltung und Herstellung: Sutton Verlag

In diesem Buch wird aus Gründen der besseren Lesbarkeit das generische Maskulinum verwendet. Weibliche und anderweitige Geschlechteridentitäten werden dabei ausdrücklich mitgemeint, soweit es für die Aussage erforderlich ist.

Inhalt

Im ehemaligen Benediktinerinnen-Kloster Zella betreibt die evangelische Kirche seit 1948 ein Alten- und Pflegeheim.

Bildnachweis

Egon Mühlhaus, Kirchworbis: S. 34, 36 (unten), 37, 39 (oben), 40 (oben), 48 (oben), 51 (unten), 53, 74 (unten), 88 (oben), 103; **Leo Kurth, Wildeshausen:** S. 38, 73, 92, 105, 107, 108; **Sammlung Peter Anhalt, Steinbach:** S. 32, 54 (unten), 56 (unten), 57, 81, 85 (unten), 88 (unten), 89, S. 90 (unten), 109 (oben); **Katholische Pfarrgemeinde Effelder:** S. 25 (unten), 95, 97, 104; **Bistumsarchiv Erfurt, Nachlass Pfarrer Dr. Bernhard Opfermann:** S. 90 (oben); **Archiv des Bischöflich Geistlichen Kommissariates Heiligenstadt, Nachlass Pfarrer Hermann-Josef Siebrand:** S. 26, 30, 31 (oben), 33, 36 (oben), 39, 71, 72 (unten), 74 (oben), 75, 78 (unten), 82 (unten), S. 102 (unten), 106; **Archiv des Bischöflich Geistlichen Kommissariates Heiligenstadt, Pfarrarchiv Kalteneber:** S. 45 (unten), 46, 99, 100 (oben), S. 102 (oben); **Sammlung Ewald Holbein, Dingelstädt:** S. 44, 45 (oben), 51 (oben), 54 (oben), 76 (unten), 79, 80, 82 (oben), 96 (unten), 98 (unten), 117; **Ehemaliges Museum „Gülden Creutz", Leinefelde-Worbis:** S. 18-20, 58, 59; **Sammlung Berthold Brill, Lindewerra:** S. 2, 28 (unten), Nachsatz; **Privatsammlung des Verfassers:** Einband vorne, Vorsatz, S. 5, 6, 21-24, 25 (oben), 28 (oben), 29, 31 (unten), 35 (oben), 40 (unten), 41-43, 47, 48 (unten), 50, 52, 61, 63, 64, 66, 68 (oben), 72 (oben), 76 (oben), 83, 84, 85 (oben), 86 (unten), 87, 91, 93, 94, 96 (oben), 98 (oben), 100 (unten), 101, 109 (unten), 110, 112 (oben), 113, 116, Einband hinten; **Annegret Büttner, Bad Berka:** S. 118; **Priesterseminar Erfurt:** S. 119.

Vorwort

Katholisch geprägt, schwach industrialisiert und deutsch-deutsches Grenzgebiet – für die führende Partei der DDR, die Sozialistische Einheitspartei Deutschlands (SED), stellte das Eichsfeld beim Aufbau des Sozialismus eine besondere Herausforderung dar.

Die seit 1945 entstehende Zonengrenze wurde ab 1952 zur undurchlässigen und streng bewachten Staatsgrenze West der DDR ausgebaut und lag direkt auf dem Territorium des Eichsfeldes. Durch die besondere Grenzsituation und die damit verbundene Abschnürung vom westlichen Teil Deutschlands war die Region plötzlich in eine außergewöhnliche wirtschaftliche Notlage geraten. Der Westen war für Obereichsfelder nur noch unter schwierigen Bedingungen und bald gar nicht mehr erreichbar.

Kaum eine andere deutsche Landschaft litt so stark unter der Grenzziehung wie das Eichsfeld: Etwa 30 Orte mit dem Zentrum Duderstadt gehörten zu Niedersachsen und waren Teil der Bundesrepublik, 130 Orte mit dem Mittelpunkt Heiligenstadt gehörten zu Thüringen, zum Bezirk Erfurt und damit zur sozialistischen DDR. Die politische Teilung des Eichsfeldes wurde vor allem auch deshalb als besonders schmerzlich empfunden, weil die Grenze eine in sich geschlossene und überwiegend von einer katholischen Bevölkerung bewohnte Kulturlandschaft zerschnitt.

In der ansonsten stark entchristlichten DDR war das Eichsfeld die Region mit den meisten Katholiken. 1958 gab es im Obereichsfeld 106 Geistliche sowie 129.170 Katholiken (85% der Bevölkerung), von denen die meisten praktizierende Christen waren. Der SED-Staat wollte den Bürgern seine atheistische, marxistisch-leninistische Weltanschauung aufzwingen. Die Menschen wurden einem nahezu lückenlosen Indoktrinationssystem ausgesetzt, in dem die katholische Kirche mit ihrem eigenen Anspruch auf Weltdeutungs- und Sinngebungskompetenz als Gegenspieler und Störfaktor angesehen wurde. Ihren zukünftigen Platz sah man auf „dem Müllhaufen der Geschichte“. Zwar wurde die katholische Kirche in der DDR nicht aktiv und offen verfolgt, dennoch kann man von einer militanten Bedrängung sprechen. Vor allem in den 1950er-Jahren verschärfte sich der Kirchenkampf. Es kam zu Zwangsmaßnahmen gegen katholische Kindergärten und Krankenhäuser, zur Propaganda für Kirchenaustritte, zu sozialistischen Namensgebungen und Trauungen, zu Maßnahmen gegen den Religionsunterricht und vor allem zur schikanösen Werbung für die Jugendweihe. Besonders die staatlich geforderte Teilnahme an dieser Jugendweihe, deren atheistische Tendenz und Charakter als pseudoreligiöser Kultersatz offen zutage traten, erzeugte im Eichsfeld eine mächtige „Anti-Jugendweihe-Front“, die die niedrigste Teilnehmerquote der gesamten DDR hervorbrachte.

Insbesondere mit dem sogenannten Eichsfeldplan, der im Jahr 1959 verabschiedet wurde, versuchte die SED, das katholische Eichsfeld „aufzuweichen“ und die Bevölkerung für den Sozialismus zu gewinnen. In der Region erfolgte daraufhin ein massiver Ausbau der sozialen, kulturellen und wirtschaftlichen Infrastruktur sowie die Ansiedlung gigantischer Industriebetriebe. Damit einher ging ein systematischer Import von staatstreuem Personal für Schulen, Behördenleitungen und Betriebskader. Mit der Baumwollspinnerei in Leinefelde – das Dorf wurde zu einer sozialistischen Musterstadt ausgebaut – und dem Zementwerk in Deuna entstanden hier sogar die republikweit, ja zeitweise europaweit größten Industrieanlagen ihrer Art.

Einschneidend für die Struktur des agrarisch geprägten Eichsfeldes war die Kollektivierung der Landwirtschaft 1959/60. Das erklärte Vorhaben von SED und Regierung, Privateigentum von Land und Produktionsmitteln abzuschaffen, sollte in der Landwirtschaft durch möglichst umfassende Vergenossenschaftlichung erreicht werden. Im Eichsfeld war dies nur unter Anwendung von Zwangsmaßnahmen möglich. Bis 1960 wurde auch durch massiven Propagandaeinsatz erreicht, dass alle landwirtschaftlichen Betriebe in einer Landwirtschaftlichen Produktionsgenossenschaft (LPG) aufgegangen waren. Während Funktionäre und Aufsteiger in der DDR sich dem System angepasst hatten, machten die harten Maßnahmen von 1959/60 erneut zahlreiche Menschen zu Gegnern des Systems.

Auch während der zweiten deutschen Diktatur war das Eichsfeld keine Hochburg des Sozialismus. Es sollte innerhalb der DDR stets ein Sonderfall bleiben.

Dr. Torsten W. Müller

Ein Blick in die Alte Stube in der Altstadt Heiligenstadts. (Georg Klingebiel)

– 1 –

Städtisches Leben

Zu den traditionsreichen eichsfeldischen Kleinstädten Heiligenstadt, Duderstadt, Worbis und Dingelstädt kam 1969 Leinefelde hinzu. Nach dem Eichsfeldplan der SED-Führung sollte Leinefelde zum industriellen Zentrum des Obereichsfeldes sowie zur sozialistischen Musterstadt ausgebaut werden, was mit einer sozialistischen Unterwanderung der Bevölkerung einherging, um den angestammten katholischen Glauben zu verdrängen.

Auch in den anderen obereichsfeldischen Städten entwickelten sich Industrie und sozialistischer Wohnungsbau und veränderten das Stadtbild nachhaltig. So entstand etwa in Heiligenstadt ab 1963 das Neubauviertel Auf den Liethen als Plattenbausiedlung.

Aus der alten Nadelfabrik der Firma Engelmann entstand 1949 die MEWA VEB Kleinmetallwarenwerk in der Straße der Deutsch-Sowjetischen Freundschaft in Heiligenstadt, heute Bahnhofstraße. Rechts der Altbau aus dem 19. Jahrhundert, links ein Neubau. (Georg Klingebiel)

Am Bahnhofsvorplatz Heiligenstadts befand sich die Produktionsstätte des VEB Strumpfkombinat ESDA, in der Damen-, Kinder- und Kniestrümpfe hergestellt wurden, ab 1964 Kinderstrumpfhosen. Auf dem Schild steht: „Es lebe die SED, die Vorkämpferin für Frieden und Sozialismus in Deutschland“. (Georg Klingebiel)

Das 1959 gegründete Dienstleistungskombinat befand sich in Heiligenstadt an der Ecke Liesebühl/ Leineberg. Auf dem Gelände war auch eine Gärtnerei untergebracht, die Otto Storm, der Bruder des Novellisten und Lyrikers Theodor Storm, betrieb. (Georg Klingebiel)

In der Ägidienstraße in Heiligenstadt wurden Schilder mit Leistungen der sozialistischen Produktion und Aktivisten der Arbeit aufgestellt. Links ein staatlicher Kindergarten. (Georg Klingebiel)

◂ Die Konsumgenossenschaften der DDR betrieben unter der Marke „Konsum" Lebensmittelgeschäfte, Produktionsbetriebe und Gaststätten. Um nicht auf private Bäckereien zurückgreifen zu müssen, errichtete man 1965 in Heiligenstadts Osten eine eigene Konsum-Backwarenfabrik. (Georg Klingebiel)

Der Eichsfeldplan der SED basierte u.a. auf der Erkenntnis der dringenden „politischen Notwendigkeit", das Eichsfeld aufgrund seiner Grenznähe kulturell zu bereichern. So ließ man in Heiligenstadt von 1960 bis 1964 ein Kreiskulturhaus errichten, das am 31. Dezember 1964 eingeweiht wurde. (Georg Klingebiel)

◂ Aus zwei Privatbetrieben entstand durch Zwangsenteignung der VEB Eichsfelder Bekleidungswerke mit mehreren Standorten. Hier das Hauptwerk am Steingraben in Heiligenstadt, in dem die Näherinnen u.a. auch Pionier-, FDJ- und Militärkleidung herstellten. (Georg Klingebiel)

Die alte Waldgaststätte „Neunbrunnen“ zwischen Heiligenstadt und Flinsberg, die später vom Konsum als Naherholungszentrum betrieben wurde. 1969 konnte der Gaststättenbetrieb in einem Neubau wieder aufgenommen werden. (Georg Klingebiel)

Beim letzten Karnevalsumzug in Heiligenstadt 1959 wird auf einem Festwagen eine Fahne mit einem gezeichneten „Möhrenkönig“ mitgeführt, die auf den Spitznamen der Heiligenstädter anspielt. Bis 1989 durfte es in Heiligenstadt wegen gefürchteter öffentlicher Kritik am SED-Staat keinen Karnevalsumzug geben. (Georg Klingebiel)

Staatsflaggen der DDR schmücken die Häuser der unteren Karl-Marx-Straße zum „Großen HO-Sommerschlussverkauf“. Erst 1959 wurde das Staatswappen (Ährenkranz, Hammer und Zirkel) in die Flagge aufgenommen, um die DDR auch anhand ihrer Flagge als eigenständigen Staat zu kennzeichnen. (Georg Klingebiel)

Anlässlich der Heimensteiner Kirmes gibt es alljährlich einen Festumzug in der Heiligenstädter Altstadt. Auf dieser Aufnahme ist noch das alte Brauhaus von 1868 zu sehen, das aus „Ständers Brauerei“ hervorging, später volkseigen und nach 1990 abgerissen wurde. (Georg Klingebiel)

Der für den Heimenstein zuständige Pfarrer wohnt in der oberen Lindenallee in Heiligenstadt und bekommt anlässlich der Kirmes ein Ständchen. Auf dem Dach des Propstei-Pfarrhauses sind Telefonleitungen, an der Hausecke die Stromdrähte zu sehen. (Georg Klingebiel)

Eine Kirmes im Eichsfeld ist immer eine gesunde Mischung aus kirchlicher Feier und Volksfest. Auf dem Heimenstein in Heiligenstadt werden anlässlich der Kirmes Bratwürste angeboten.
(Georg Klingebiel)

◂ Ein Blick in die Lange Straße der Kreisstadt Worbis 1965, die während der SED-Diktatur Ernst-Thälmann-Straße hieß, also nach dem 1944 ermordeten KPD-Chef benannt worden war.

Die Molkerei in Worbis wurde 1899 in der Bahnhofstraße als Dampfmolkerei errichtet. Das Bild zeigt Pferdegespanne, die die auf den Dörfern eingesammelten Milchkannen abliefern. Die Gebäude wurden in den 1970er-Jahren abgerissen.

◂ Ab 1864 beherbergte der in klassizistischem Stil errichtete Junkerhof in Worbis das preußische Landratsamt des Kreises Worbis. Auch der Rat des Kreises hatte hier ab 1952 seinen Sitz. Das Kreiskriegerdenkmal wurde 1945 beseitigt, sodass nur noch ein Sockel erhalten blieb.

Ein Festumzug in Leinefelde in den 1960er-Jahren. Bald sollte aus dem Dorf die jüngste Stadt der DDR werden. Im Frühjahr 1961 wurde der erste Spatenstich zum Aufbau des Industriebetriebes „Spinne“ (VEB Baumwollspinnerei und Zwirnerei) vollzogen. ▸

Wie hier in Worbis entstanden überall in der DDR Polikliniken mit fest angestellten und vom Staat entlohnten Ärzten verschiedenster Fachrichtungen in einer Art sozialistischen Großpraxis. Die Polikliniken ersetzten im staatlichen Gesundheitswesen den Hausarzt und damit die privatwirtschaftlich geführte Praxis.

Leinefelde entwickelte sich vom Dorf zu einem industriellen Zentrum; aus 2.600 Einwohnern wurden rasch 11.500. Zahlreiche Wohnungen im Plattenbaustil, Schulen, Versorgungseinrichtungen usw. entstanden. Bei einem Umzug Mitte der 1960er-Jahre wird die „Großplattenbauweise“ aufs Korn genommen. ▸

Leinefelde
ANNO dazumal

Trinkfest u.
Arbeitsscheu
„An der Leine"
Grossplattenbau weise

Leinefelde war besonders durch Woll- und Leinenweberei, Senfherstellung, Handel mit Fellen und Därmen, Haarfabrikation und Borstenzurichterei bekannt. Hier die Senf- und Essigfabrik Gunkel bei einem Festumzug.

– 2 –

Dörfliches Leben

Das Eichsfeld ist bis heute eine ländliche Region geblieben. Gut erhaltene Fachwerkhäuser, renovierte Kirchen und eine Bevölkerung, die überwiegend in der Landwirtschaft tätig war, prägten damals den Landstrich. Ein wirtschaftliches Auskommen war oftmals nur durch eine Nebentätigkeit außerhalb des Agrarsektors möglich. Es entstanden Zigarren- oder Bürstenfabriken.

Jahrhundertealtes Brauchtum und Feiern wurden gepflegt, wodurch sich bei den Eichsfeldern ein traditionelles Heimatbewusstsein entwickelte, das den Gegensatz zum Staatssozialismus noch verstärkte. Nicht die sozialistische Heimatliebe stand bei der Bevölkerung im Vordergrund, sondern die Identifizierung als Eichsfelder, der seine Wurzeln in der Region hat.

Der Gasthof „Lengefelder Warte“ an der Straße zwischen Mühlhausen und Dingelstädt, wo das Eichsfeld beginnt.

Der preußische Baumeister Friedrich August Stüler (1800–1865), einer der maßgebenden Berliner Architekten und Schinkel-Schüler, entwarf 1843 die Kirche für Hundeshagen. Eine Besonderheit ist das freistehende Glockenhaus.

Am 7. April 1945 wurde der Großteil der Kirche in Siemerode durch Bomben amerikanischer Kampfflieger zerstört, alsbald wieder aufgebaut und 1950 konsekriert. Die beiden Türme mit Zeltdächern wurden erst von 1953 bis 1956 errichtet.

Zur Vermeidung von Verunreinigungen der Wege, Gräben und Plätze durch Ablagerung von Müll, Asche und sonstigen Gegenständen wurden in vielen Orten öffentliche Schuttabladeplätze eingerichtet, wie hier bei Effelder. Eine regelmäßige Müllabfuhr konnte vielfach erst in den 1960er-Jahren realisiert werden.

Auf der Katzbrücke bei Hohengandern befand sich ab 1867 ein Wohn- und Gasthaus der Ziegelei Jung. Nach 1949 wurde das Gebäude zu einem Altenheim umfunktioniert und 1967 abgerissen. (Georg Klingebiel)

Blick vom Aschberg auf das Dorf Heyerode mit seiner St.-Cyriakus-Kirche. Heute ist die freie Fläche im Vordergrund bebaut.

Eine Straßenszene aus Deuna: ein Pferdegespann vor dem Bauernhaus der Familie Weißenborn, das in den 1980er-Jahren abgerissen wurde. (Georg Klingebiel)

Der Ort Thalwenden mit seiner St.-Martins-Kirche in den 1960er-Jahren.

In einer beeindruckenden Gemeinschaftsaktion, die im Rahmen des Nationalen Aufbauwerks (NAW) in Lindewerra organisiert wurde und junge und alte Einwohner gleichermaßen einbezog, erhielt die Dorfstraße ihr Granitpflaster, wofür im ersten Bauabschnitt 1956 rund 5.520 freiwillige Arbeitsstunden geleistet wurden.

Aus dem Jahr 1713 stammt der Turm der Günteröder Dorfkirche, die dem heiligen Georg geweiht ist. Die Losung am Staketenzaun lautet „Werktätige der Landwirtschaft kämpft um die Steigerung der Marktproduktion“.

Wichtige Neuigkeiten wurden in vielen Dörfern durch „Ausklingeln“ eines Gemeindedieners bekannt gemacht.

Zu allen Festen im Eichsfeld wurde früher selbst gebackener Schmandkuchen zubereitet, wie hier in Freienhagen.

Ohne Smartphone, Tablet oder Laptop mussten sich die Kinder in den 1950er- und 1960er-Jahren in der Natur beschäftigen, was mit Bewegungs-, Tanz- und Rollenspielen besonders kurzweilig war.

Beim Fasching in Steinbach wird um 1953 ein „Braunbär" an einer Kette mitgeführt. Er ersetzte den früher üblichen Strohbären, der fast überall im Eichsfeld in Gebrauch gewesen war.

Karneval leitet sich von lateinisch „carne levare" (Fleisch wegnehmen) ab und deutet auf die bevorstehende Fastenzeit hin, in der man ursprünglich auf Fleischspeisen verzichtete. Deshalb sind die Faschingstage im Eichsfeld auch mit reichhaltigem Essen verbunden. In Steinbach sammelte man um 1965 Würste zum gemeinsamen Verzehr ein.

Am Hauseingang der Familie Hubert Glorius in Schachtebich sind ein Mainzer Rad und die Jahreszahl 1796 angebracht. In der Tür steht Maria Glorius mit einem Kleinkind.

Wollte man im Winter nicht frieren, musste man einen Holzvorrat anschaffen. Das Spalten des Holzes gehörte zu den vorbereitenden Arbeiten. ►

Der letzte Handelsmann, der das Dorf Kirchworbis besuchte, wurde 1960 im Bild festgehalten. Es handelt sich um Heinrich Westerberg II aus Thalwenden, der vor allem mit den in Thalwenden selbst hergestellten Bürsten, Besen, Seilen sowie Bohnerwachs und Schuhcreme handelte.

Eine Aufnahme aus der Besen- und Bürstenfabrik in Thalwenden. (Georg Klingebiel) ►

◂ Vor allem Frauen fanden im Bereich der Zigarrenverarbeitung Arbeit. Hier ist die Herstellung von Rauchwaren in der Zigarrenfabrik in Schachtebich Anfang der 1950er-Jahre zu sehen.

Eine Szene aus einer Eichsfelder Küche in Kirchworbis zeigt 1969 die Kinder der Familie Mühlhaus.

◂ Die SED drängte das private Handwerk immer mehr zurück, um so das Privateigentum von Land und Produktionsmitteln abzuschaffen. Auch die kleinsten Betriebe sollten verstaatlicht werden. Nur wenige Handwerker überlebten diese Vernichtung der Privatwirtschaft, so auch der Glaser Martin Heddergott aus Kirchworbis.

Zu einer Hausschlachtung gehört auch die Produktion von Würsten, hier 1964 in Germershausen.

Die Hausschlachtungen im Winter waren damals beliebt und in sehr vielen Haushalten ein fester Termin im Kalender. Hier eine Aufnahme von 1961 beim Schweineschlachten in Kirchworbis.

Der Bau von Leichenhallen begann in den 1960er-Jahren, sodass die Toten nicht mehr zu Hause aufgebahrt werden mussten. In Wüstheuterode ließ Bürgermeister Herbert Merker 1968 gleich einen Glockenturm mit errichten, was den SED-Behörden zwar nicht passte, aber schließlich geduldet wurde.

Die Mechanisierung hielt in der Landwirtschaft nur sehr langsam Einzug. Als Zugtiere dienten Pferde und Kühe. Bei Kirchworbis zieht im Mai 1960 eine Anspannkuh einen Hackpflug, mit dem Rüben gehackt wurden.

Roggen wird 1958 bei Mackenrode mit einer Sense gemäht. Der hohe Wuchs des Roggens erforderte vom Schnitter einen hohen Kraftaufwand. Danach wurde das Erntegut von Frauen mit Sicheln zu einer Garbe geformt und mit einem Strohseil zusammengefasst. Am linken Bildrand sieht man bereits abgelegte Garben.

– 3 –

Landwirtschaft der Einzelbauern

Das Leben der Eichsfelder war bis in die Mitte des 20. Jahrhunderts durch lang anhaltende und schwere tägliche Arbeit geprägt. Der Begriff „Freizeit“ war damals noch unbekannt. Die meisten Menschen arbeiteten im Bereich der Landwirtschaft und waren Selbstversorger. Es wurde nur gekauft, was man nicht selbst herstellen konnte. Hart lastete auf den Landwirten das Soll des SED-Staates, also die Pflichtablieferungen landwirtschaftlicher Produkte.

Durch die staatlich forcierte Zwangskollektivierung der Landwirtschaft wurde die Struktur im Eichsfeld total verändert. Die Entbäuerlichung begann 1952 und verstärkte sich in den folgenden Jahren massiv. Damit ging auch die Identifikation mit dem Bauer-Sein, mit dem Boden und der Landwirtschaft verloren.

Roggenmaht im August 1958 bei Eichstruth mit einer Mähmaschine. Von Hand musste der Roggen mit der Sichel in Garben zusammengefasst werden. Eigens hergestellte Strohseile hielten die Garbe zusammen.

Oberhalb von Mackenrode stehen 1958 Reihen aus Getreidepuppen. Eine Puppe besteht aus mehreren Garben. Die Anzahl richtet sich nach dem Feuchtegehalt und der Getreideart.

Nach einem Nachtrocknungsprozess werden bei Eichstruth die Garben im Sommer 1958 abgefahren und bis zum Drusch in einer Scheune gelagert. Zwei Milchkühe ziehen mittels eines Joches den Erntewagen vom Feld. Die Kühe unterlagen einer Mehrfachnutzung: Zugtier, Milch- und Fleischlieferant.

Auf dem Hof der Familie Albrecht in Mackenrode stehen die Töchter des Hauses vor einem Zughandwagen mit Klee und Rübenblättern, die als Futtermittel in der Viehwirtschaft verwendet wurden.

Im Herbst wurden die durch Rodung verdeckten und nun freigelegten Kartoffeln aufgelesen, hier bei Dingelstädt.

Nach der Kartoffelernte im Herbst wird bei Dingelstädt Kartoffelkraut verbrannt. Jungen rösten die gefundenen Kartoffeln im Feuer.

Auf schwerem, fast 500 Meter hoch gelegenem Boden pflügt der Bauer Adolf Martin mit einem Einscharbeetpflug im Oktober sein Rübenfeld bei Kalteneber. Am rechten Bildrand erkennt man einen Rübenblattsilo als Freigärhaufen; im Hintergrund ein Jauchefass, das auf eine vorige Jaucheverteilung hindeutet.

Mit einem Hammer und einem Holzpfahl wird eine Milchziege angepflockt. Damit entstand für die Ziege eine kreisrunde Fressfläche in der freien Natur. Ein Knebel verhinderte ein Verdrehen der Kette. ▸

Der Bauer Michael Lange liefert gesackte Speisekartoffeln an die Pfarrei Kalteneber. Die Kartoffeln lagern auf einem Kastenwagen, den ein Pferdegespann zieht.

Eine Frau fährt mit einem Kuhgespann ins Feld. Auf dem Wagen befindet sich ein hölzerner Karrenpflug, mit dem man eine Schälfurche auf dem Feld pflügen kann. Später kamen metallene Pflüge hinzu und ersetzten die hölzernen. Weiterhin liegt auf dem Wagen ein breiter Sammelrechen, mit dem verbliebene Getreidehalme zusammengerecht wurden. ▸

Getreideernte 1960 bei der Ippmühle in Kirchworbis: Zur Dreschmaschine kommen die Erntewagen. Rechts sehen wir die Strohrutsche und die Wagen mit Stroh. Das Getreide steht in Säcken und wird gesondert abgefahren.

Um große Flächen zu erhalten, wurden die einzelnen Grundstücke durch die LPG zusammengelegt. Die Grenzsteine wurden entfernt oder fielen der neuen Technik zum Opfer. Auf dem Oberfeld bei Mackenrode sieht man den Übergang von den schmalen Ackerstreifen (links) zur Großraumwirtschaft recht gut. Im Vordergrund wachsen Tabakpflanzen.

– 4 –

Sozialistische Landwirtschaft

Die sozialistische Umgestaltung der Landwirtschaft in der DDR, also die Überführung der einzelbäuerlichen Privatbetriebe in kollektive Produktionsgenossenschaften, wurde 1952 von der SED in Moskau entschieden. Auch im Eichsfeld schlossen sich bereits 1952 Bauern zu mehreren LPG zusammen. Die Mehrheit der Eichsfelder lehnte jedoch eine Vergenossenschaftlichung ab. Die Einzelbauern wurden schließlich 1959/60 zum Eintritt in die Genossenschaften gezwungen. In den Beitrittserklärungen zur LPG sprach man zwar vom freiwilligen Beitritt, zweifelten Bauern aber an der Sinnhaftigkeit dieser staatlich verordneten „ländlichen Revolution“ oder weigerten sie sich beizutreten, so konnte es passieren, dass sie mit Gefängnis bestraft wurden.

Bei Geismar befand sich eine Maschinen- und Traktorenstation (MTS), in der die Bauern landwirtschaftliche Maschinen und Traktoren zur Nutzung ausleihen konnten. Die MTS wurden in der DDR nach sowjetischem Vorbild eingeführt. (Georg Klingebiel)

Unter einem Dreschschuppen steht in Dingelstädt am „Schweinsrasen" eine Dreschmaschine mit Strohpresse. Die Garben kamen über ein Förderband in die Maschine, die das Korn drosch. Das Stroh gelangte in eine vorgeschaltete Niederdruck-Presse und wurde zu Bündeln geformt. Die Körner wurden auf der Rückseite der Maschine abgesackt (nicht im Bild). Das lose Stroh im Vordergrund weist auf eine nicht funktionierende Presse hin, sodass Frauen es wegräumen müssen. ▸

Die Anfänge der LPG Eichstruth nach 1960: LPG-Bäuerinnen beim Kartoffellesen. Bemerkenswert ist das damals hohe Krautvorkommen, das die Erntearbeiten erschwerte.

Der erste Mähdrescher E175 bei Worbis am Klien, hergestellt als Lizenzbau im Mähdrescherwerk Weimar, erleichterte die Erntearbeit enorm. Er ersetzte mehrere Arbeitsschritte und war wesentlich effektiver als die Arbeit per Hand. Der Mähdrescher verlangte zur Arbeit totreifes Getreide. ▸

Am Ortsrand von Uder sehen wir die ersten großen LPG-Gebäude: einen Milchviehstall mit Bergeraum für Heu und Stroh sowie einen Schweinestall. Die Viehwirtschaft wurde aus den einzelbäuerlichen Betrieben herausgenommen, und großräumige Stallanlagen veränderten das Dorfbild nachhaltig.

– 5 –

Sozialismus und Grenze

Das Obereichsfeld gehörte ab 1949 zur DDR, einem atheistischen Weltanschauungsstaat, der seine Bürger mit dem Geist des Atheismus infiltrieren wollte. Dem Bildungsbereich kam dabei besondere Bedeutung zu. Die Kirche sollte aus der Schule und der Öffentlichkeit verdrängt werden.

Eine nahezu unpassierbare und ständig überwachte Interzonen- bzw. Staatsgrenze durchzog das Eichsfeld, was mit der Errichtung eines Sperrgebietes, einer Dauerüberwachung der Grenzbevölkerung sowie in der Folge auch mit Behinderungen in vielen Lebensbereichen verbunden war. Das Eichsfeld, das sich seit jeher mehr an den westlichen Teilen Deutschlands orientiert hatte, war nun beinahe vollständig vom Westen abgeschlossen.

Beim Abschied der „Großen" aus dem Kindergarten in Kirchworbis 1969 waren auch Junge Pioniere dabei. Sie sollten den Kindern den Übergang in die Polytechnische Oberschule erleichtern und für eine Aufnahme in die DDR-Kinderorganisation werben.

Kuh
Kuh
Kasper
Haus
Schwein
Brötchen
Hans
Laterne
Stock
Lotte
Hut
Mama
Sonne
Wurst

lichen
ckwunsch
um
ehrertag
von der Klasse
7

◂ In der POS I in Dingelstädt wurden um 1965 neue Methoden der Klassenraumgestaltung nach aktuellen didaktischen Theorien ausprobiert. Die Kinder saßen nicht mehr hintereinander, sondern im Halbkreis um den Lehrer.

In den Gebäuden der Bergschule der Schwestern der heiligen Maria Magdalena Postel, die von der SED geschlossen wurde, befanden sich 1958 verschiedene Schulen und Organisationen. Die enge Verbindung von Jugendweihe und Schule wird hier noch einmal besonders deutlich.
(Georg Klingebiel)

◂ Zum Tag des Lehrers gratulieren die Schüler der Klasse 7 der POS in Steinbach ihrer Lehrerin, um 1965.

Die Heiligenstädter Berufsschule veranstaltete in den 1950er-Jahren ein Kreissportfest. Ein Umzug durch die Kreisstadt – angeführt vom FDJ-Fanfarenzug des Kinderheimes unterhalb des Ibergs – gehörte mit zum Programm. (Georg Klingebiel)

In Steinbach werben Schüler der örtlichen Schule 1961 für die Wahl der Kandidaten der Nationalen Front. Die Schüler sollten die Bürger Steinbachs mit Umzug und optimistischem Gesang zum Wahlgang animieren.

Bei der Maidemonstration 1961 in Steinbach ist auch der zuständige Abschnittsbevollmächtige der Deutschen Volkspolizei (ABV) dabei, der im Gemeindegebiet zuständig war für den Streifendienst, die Anfertigung von Einschätzungen über Bewohner, die Bearbeitung von Anzeigen und Passierscheinanträgen, die Kontrolle der Hausbücher usw.

Demonstration am 1. Mai, dem Kampftag der Werktätigen, in der Kreisstadt Worbis. Auf der Ehrentribüne der Genossen und des Militärs sind zwischen Flaggen die Losung „Es lebe der 1. Mai“ und das Bildnis des SED-Politikers Walter Ulbricht angebracht, unter dem sich die DDR zum sozialistischen Staat entwickelte.

Bei einer Maidemonstration in den 1960er-Jahren ziehen Kampfgruppen der Arbeiterklasse durch das geschmückte Worbis. Dabei handelte es sich um Beschäftigte aus volkseigenen Betrieben, die sich zu einer paramilitärischen Organisation zusammengeschlossen hatten.

Durch die Ernst-Thälmann-Straße, heute Lange Straße, der Kreisstadt Worbis führt am 1. Mai 1968 ein Demonstrationszug. Er wird angeführt von Karl Lackner mit der Schalmeienkapelle der Jungpioniere. Neben der Staatsflagge der DDR haben einige Bewohner ihre Häuser auch mit der rot-gelb-weißen Stadtfahne geschmückt.

◄ Das DDR-Dorf Lindewerra nach 1961 vom Westen aus gesehen. Auf dem Rest der 1945 gesprengten Werrabrücke ist eine Propaganda-Losung für Bundesbürger angebracht. Die Werra bildete die Grenze zwischen den beiden Militärbündnissen NATO und Warschauer Pakt. Ein doppelter Stacheldrahtzaun an hellen Betonpfosten hinderte die Bewohner an einem Übertritt in die freie BRD. (Georg Klingebiel)

Die innerdeutsche Grenze berührte in weiten Teilen das Eichsfeld. Von 1952 an wurde sie immer undurchlässiger; ab 1961 war ein Verlassen der DDR fast nicht mehr möglich. Ein Sperrgürtel mit Schutzstreifen und Sperrzone sollte illegale Grenzübertritte verhindern. Hier Pfarrer Genau aus Uder an einem Zaun im Inneren der DDR.

◄ Da die SED neben den ideologischen Vorgaben auch die politische Richtung des Staates bestimmte und so keine Gewaltenteilung und Kontrolle zuließ, war ihre Macht in der DDR uneingeschränkt. Hier sind Angehörige der Deutschen Volkspolizei bei der Männerwallfahrt im Klüschen Hagis zu sehen. (Georg Klingebiel)

Sozialistischer Wohnungsbau begann in Heiligenstadt bereits in den 1950er-Jahren. Später entstanden ganze Neubaugebiete, wie zum Beispiel Auf den Liethen in Heiligenstadt. Hier ist der Beginn der Bauarbeiten 1963 mit bescheidener Technik zu sehen. (Georg Klingebiel)

– 6 –

Motorisierung

Das Eichsfeld ist eine ländliche Gegend mit 160 Dörfern. Um mobil zu bleiben, benötigt man unbedingt einen fahrbaren Untersatz. Die Massenmotorisierung schritt ab Kriegsende weiter voran.

Immer mehr Zweiräder, Pkw, Kleintransporter oder Lkw waren auf den Dörfern und in den Städten anzutreffen. Zunächst bot allein das Motorrad eine preiswerte Einstiegsmöglichkeit in die private Motorisierung. Besonders das Auto beeinflusste dann ab den 1950er-Jahren die Lebensweise der Bevölkerung nachdrücklich. Die Produktion der Automobile konnte jedoch in der DDR nie dem tatsächlichen Bedarf angepasst werden.

Ein regelmäßiger Linienbusverkehr zwischen den Dörfern und den Kreisstädten wurde in den 1950er-Jahren eingerichtet. 1956 bestanden im Kreis Heiligenstadt bereits 30 Linien, von denen fast alle Orte mit 14 Bussen des VEB Kraftverkehr angefahren wurden, um die Pendler zu den Großbetrieben zu bringen.

◂ An der Bushaltestelle in Uder warten Kinder auf einen Omnibus. 1965 beförderte der VEB Kraftverkehr mit 63 Omnibussen 5,9 Millionen Personen, darunter waren Arbeiterberufslinien für Schichtverkehr, Linien im öffentlichen und Schülerverkehr.

Ein MAN-Lastkraftwagen aus den 1930er-Jahren bei der Vorbereitung der Männerwallfahrt im Klüschen Hagis. (Georg Klingebiel)

◂ Ein „Garant 32", gebaut Ende der 1950er-Jahre im VEB Robur-Werke Zittau, diente dem Müllermeister Alois Klöppner aus Mackenrode als Transportmittel für Mehlsäcke.

Ein jugendlicher Eichsfelder um 1966 auf einer Jawa.

Wie sehr die Massenmotorisierung voranschritt, konnte man jährlich bei der Männerwallfahrt im Klüschen Hagis sehen, wohin bis zu 20.000 Männer pilgerten. Hier fotografierte Rektor Ernst Göller Zweiräder vom Typ „Berliner Roller" und „Troll" sowie „Magnet". (Georg Klingebiel)

An den Zufahrtswegen zum Klüschen Hagis zwischen Martinfeld und Wachstedt parkten während der Männerwallfahrten zahlreiche Zweiräder, die in Suhl produziert wurden, so etwa SR1, SR2 und AWO. (Georg Klingebiel)

◄ Im kalten Winter 1962/63 parkt zwischen Dieterode und Kalteneber ein Trabant 500, heute als „Kugelporsche" bekannt. Die Schneeverwehungen und der beiseite geschaffte Schnee türmen sich meterhoch an der Straße.

1959 wurde in Heiligenstadt die Tbc-Beratungsstelle neu gebaut. Hier fand auch die Abteilung Gesundheits- und Sozialwesen des Rates des Kreises Heiligenstadt eine Unterkunft. Das Robert-Koch-Relief schuf der Bildhauer Walter Tuckermann. Vor dem neuen Gebäude steht ein Framo-Krankentransportfahrzeug. (Georg Klingebiel)

◄ Der Trabant war als Verkehrsmittel für die Massen gedacht. Tatsächlich konnte die Produktion jedoch nie den Bedarf in der DDR decken. Hier eine Aufnahme bei der Männerwallfahrt im Klüschen Hagis bei Wachstedt mit Pkw der Marke Trabant 500 und Wartburg 311. (Georg Klingebiel)

Eine Aufnahme vom Motocross-Rennen an der Alten Burg auf dem ehemaligen Gelände des Wehrertüchtigungslagers bei Heiligenstadt mit Fahrern aus der DDR und der Bundesrepublik. Bei den Rennen stellten sich zum Teil mehr als 6.000 Zuschauer ein. (Georg Klingebiel)

Auf der Straßenkreuzung Ernst-Thälmann-Straße (Petristraße)/Holzweg/Kasseler Tor fand 1962 ein K-Wagen-Rennen statt. Das Gebäude rechts ist die Traditionsgaststätte „Feldschlösschen“. (Georg Klingebiel)

– 7 –

Glaube im Alltag

Die Katholiken befanden sich im 19. und 20. Jahrhundert in einer allumfassenden, relativ geschlossenen katholischen Lebenswelt, die in den Diktaturen von 1933 bis 1989 bestärkt wurde durch eine klerus- und gemeindezentrierte Kirche unter Wegfall des Vereinskatholizismus, sodass sich zahlreiche Formen der Volksfrömmigkeit besonders im Obereichsfeld länger als andernorts erhalten konnten.

Eine Hochburg des Sozialismus ist das Eichsfeld nie gewesen. Der Großteil der Bevölkerung hielt während der sozialistischen Diktatur an katholischen Überlieferungen fest und besuchte weiterhin regelmäßig die Gottesdienste.

Auf vielen Hügeln des Eichsfeldes wurden Kreuze errichtet, die zur unverwechselbaren Kulturlandschaft der Region dazugehören. Hier ist das Wetterkreuz bei Schachtebich zu sehen.

Die Marienverehrung erfuhr während der 1950er-Jahre eine Hochkonjunktur, die sich u.a. im Bau von Grottenanlagen materialisierte. Das vom Papst ausgerufene marianische Jahr 1954 und seine Aufforderung, Heiligtümer zu errichten, trugen erheblich dazu bei. Hier die Grotte in Martinfeld.

Zahlreiche Mariengrotten, Bildstöcke, Wegkreuze und 45 Freilandkreuzwege, die zum Gebet einladen, bezeugen eine lebendige christliche Glaubensgeschichte der Region. Hier die erste Station des Freiland-Kreuzweges an der Hardt bei Worbis.

Eine Niederlassung des Augustinereremiten-Ordens gibt es in Germershausen im Untereichsfeld seit 1864. Hier feiern die Patres des Konventes das 100. Jubiläum.

Vinzentinerinnen betreiben in Heiligenstadt seit 1859 das ehemalige Waisenhaus und heutige Kinder- und Jugendheim St. Josef, gegründet 1729. Der Orden modernisierte 1964 seine Tracht, sodass die Schwestern ihre ausladenden, weißen Flügelhauben gegen schlichtere Schleier eintauschten.

Katholische Kindergärten waren im Eichsfeld sehr häufig anzutreffen – im Gegensatz zur restlichen DDR, wo der SED-Staat den Einfluss auf die Kleinsten nicht aus der Hand gab. Hier der Kindergarten Kirchworbis mit Maria Jordana, einer Schwester der christlichen Schulen von der Barmherzigkeit.

Ordensschwestern dominierten damals noch stark das Bild der katholischen Kirche im Eichsfeld. Sie waren tätig in der ambulanten Krankenpflege, in der Betreuung von Alten- und Kinderheimen sowie in der Pfarrhilfe (Sakristeidienst, Religionsunterricht usw.). Diese Aufnahme aus Lutter entstand um 1969.

Jugendarbeit im Eichsfeld war auch durch die katholische Kirche geprägt, die oftmals als Freiraum gegenüber dem diktatorischen Staat empfunden wurde. In Uder begleitet Schwester Philomena von den Grauen Schwestern der heiligen Elisabeth die Jugendlichen, um 1966.

Die Leidensprozession am Palmsonntag in Heiligenstadt wurde auch während der SED-Diktatur in althergebrachter Weise durchgeführt, da die Sowjets selbst sie 1946 erlaubt hatten. Um 1962 gehen hier Ordensleute – Redemptoristen, Vinzentinerinnen und Schulschwestern – vor dem Kreuz in der Karl-Marx-Straße. (Georg Klingebiel)

Die Karwoche beginnt mit der Feier des Palmsonntags. Die während der Liturgie geweihten Palmwedel – meist Buchsbaum-, Weidenzweige oder Ähnliches – nehmen die Gläubigen mit nach Hause und schmücken damit die Kreuze in den Wohnungen. Kaplan Ernst Eckardt segnet die Palmzweige 1963 vor der Kleinen Kirche in Dingelstädt.

Palmsonntag um 1962 in Heiligenstadt: Bei der großen Leidensprozession begleiten Abiturienten der Erweiterten Oberschule mit Fackeln und traditioneller Kleidung das Heilige Grab. Dieser Ehrendienst wurde von den Jesuiten eingeführt, die die Begleitung der Prozession durch ihre Gymnasiasten als Teil ihres Bildungskonzeptes ansahen. (Georg Klingebiel)

Den Dienst der von Gründonnerstag bis zur Osternacht schweigenden Glocken übernehmen im Eichsfeld die Kinder des Dorfes mit hölzernen Klappern. Beliebt sind auch hölzerne Ratschen oder „Rumpelkästen“. Hier sind Klapperjungen in Thalwenden zu sehen.

Holzklappern funktionieren, indem ein Hämmerchen auf ein Brett schlägt und so einen Ton erzeugt. Ein Dingelstädter Junge führt den Mechanismus 1963 vor.

Zum Osterfest gehörten auch die Osterprozessionen am Nachmittag, die in und um die Dörfer führten. ▸ Mitgetragen wurde ein Kreuz, das Karfreitag verehrt, ins „Grab“ gelegt und in der Auferstehungsfeier geschmückt wurde. Hier eine Aufnahme aus Steinbach um 1956.

Die Kinder gehen beim Klappern eine festgelegte Route durch den Ort, wie hier in Dingelstädt 1963. Sie klappern und rufen bestimmte Verse, die zu Gebet und Gottesdienst einladen sollen.

Pfarrer Josef Tschöp (1911–1963) beim Versehgang um 1959 in Steinbach. Die letzte Wegzehrung in ▸ Form der konsekrierten Hostie wird in einer Bursa vom Priester zu Sterbenden getragen. Messdiener mit Klingel und Laterne sollen den Passanten die Anwesenheit Jesu Christi unter der Gestalt von Brot anzeigen.

Um Allerheiligen finden Gräbersegnungen durch die Priester statt, zu der sich die Gläubigen auf dem Friedhof versammeln. Nach Liedern und Gebeten für die Seelenruhe der Verstorbenen besprengt der Geistliche die Grabstätten mit Weihwasser bzw. Weihrauch. Hier eine Gräbersegnung 1963 in Dingelstädt am Riethstiegfriedhof.

Nach katholischer Vorstellung besteht eine Verbindung zwischen allen Getauften. Die Toten können bei Gott Fürbitte für Lebende einlegen, und die Gebete und Ablässe der Lebenden sollen den Verstorbenen helfen, zur Anschauung Gottes zu gelangen. Am Grab von Pfarrer Petrus Rohde in Schachtebich betet ein Junge.

– 8 –

Erstkommunion

Ab 1910 praktizierte man im Eichsfeld die Frühkommunion der Kinder. Jahrgangsweise gingen die Schüler um das siebente Lebensjahr nach eigener Vorbereitung erstmals zur Beichte und zur heiligen Kommunion. Der erste Empfang des Leibes Christi in Form der konsekrierten Hostie wird als Ehrentag festlich begangen. Kirchen- und Hausschmuck, eigene Kleidung und gutes Essen, Glückwünsche der Gemeinde, eine häusliche Feier sowie der Montag als freier Schultag gehören noch heute zum Tag der Erstkommunion dazu.

In der Pfarrkirche in Uder haben sich 1966 die Erstkommunionkinder um den Altar versammelt. Ortspfarrer Karl Genau hält eine kurze Ansprache. Die Kommunionbank gehörte damals noch zur Grundausstattung katholischer Kirchen.

In Prozession ziehen die Erstkommunionkinder aus Uder um 1966 aus der Kirche.

Mit Blasmusik und Fahnen werden die Erstkommunionkinder aus Uder zum Gottesdienst in die Kirche und auch beim Auszug begleitet, um 1966.

Zu jeder Erstkommunionfeier gehört ein Gruppenfoto der Neo-Kommunikanten. Hier die Kinder, die 1961 zum ersten Mal den Leib des Herrn in Steinbach empfingen, zusammen mit Ortspfarrer Josef Tschöp und Rektor des Konvikts Ignaz Degenhardt.

Bruder Cölestin Göbel (1878–1971) aus dem Heiligenstädter Redemptoristenkloster als Ehrengast auf einem Erstkommunion-Foto. (Georg Klingebiel)

Nach der Feier der Erstkommunion konnten Jungen den Dienst als Ministranten beginnen. Mädchen waren nicht zugelassen, da diese Aufgabe als Hinführung zum Priesteramt gesehen wurde, das nur Männern offen steht. Diese Aufnahme der Messdiener aus Uder entstand um 1966.

– 9 –

Bischofsbesuche

Von 1930 bis 1994 gehörte das Obereichsfeld zum Bistum Fulda. Der dortige Bischof wurde aber von den SED-Behörden an der Ausübung seines Amtes behindert, weshalb man in Erfurt einen eigenen Weihbischof installierte, der im Ostteil der Diözese Fulda das Firmsakrament spenden und Visitationen durchführen konnte. Das Untereichsfeld gehört zum Bistum Hildesheim.

Alle drei Jahre kam der (Weih-)Bischof in eine Pfarrei, was mit besonders großem Aufwand gefeiert wurde. Bei der Firmung salbte er die Jugendlichen und rief den Heiligen Geist auf sie herab. Die Firmung ist die Besiegelung, Ratifizierung und Vollendung der Taufe vonseiten des Firmlings und vonseiten der Kirche.

Reichen Schmuck legten die Orte des Eichsfeldes an, wenn ihr Bischof oder Weihbischof zu Besuch kam. Hier errichten Einwohner aus Mackenrode 1958 eine Ehrenpforte für Weihbischof Dr. Joseph Freusberg (1881–1964) aus Erfurt.

◄ Der Bischof wurde im Eichsfeld an der Gemarkungsgrenze des Ortes empfangen und in feierlicher Form in das Dorf geleitet. Eine Reitereskorte und Motorräder bringen ihn 1958 in Kirchworbis zur Kirche.

Bei der Begrüßung wird dem Bischof eine Stola umgelegt und ein Kreuz zum Kuss gereicht. Danach teilt er Weihwasser aus. Hier Pfarrer Franz Wiederhold (1898–1980), Pfarrer Josef Tschöp mit Weihbischof Freusberg 1958 in Steinbach.

◄ Weihbischof Freusberg fährt 1958 mit seinem Auto bis vor das Kirchenportal in Steinbach, wo Priester und Gläubige ihn empfangen und begrüßen.

In Wiesenfeld wird Weihbischof Freusberg von einer Jugendlichen begrüßt, bevor das feierliche Pontifikalamt mit Firmspendung in der Kirche beginnt. Links ist Pfarrer Dr. Bernhard Opfermann (1913–1995) zu sehen, der als Kirchenhistoriker zahlreiche Standardwerke über das Eichsfeld verfasste.

Jeder Bischof trägt einen Bischofsring als Zeichen für die Verbundenheit mit seinem Bistum. Aus Respekt vor dem hohen Amt – Bischöfe sind die Nachfolger der Apostel – war es üblich, den Ring zu küssen, wie hier bei der Begrüßung in Steinbach 1958. Damals waren auch noch Pontifikalhandschuhe in Gebrauch.

Ab 1962 war Hugo Aufderbeck (1909–1981) Weihbischof des Bistums Fulda mit Sitz in Erfurt, von 1973 bis 1981 war er Apostolischer Administrator in Erfurt-Meiningen, und ab 1971 führte er den Titel „Bischof". Er kam regelmäßig zu Firmungen, Wallfahrten und Visitationen ins Eichsfeld.

Für das Untereichsfeld war von 1957 bis 1982 der Hildesheimer Bischof Heinrich Maria Janssen (1907–1988) zuständig, der hier 1964 in Germershausen empfangen wird.

– 10 –

Fronleichnam

Das katholische Fronleichnamsfest, das man 60 Tage nach Ostern feiert, gehört sicher zu den populärsten und beliebtesten Hochfesten des volkskirchlich-katholischen Eichsfeldes. Man gedenkt seit 1264 der Gegenwart Jesu Christi im Sakrament des Altares. Am Donnerstag nach dem Dreifaltigkeitsfest trägt der Priester die konsekrierte Hostie in einer Monstranz durch den Ort. Dabei wird er in einer festlichen Prozession von den Gläubigen singend begleitet. An vier Stationen wird an einem Altar angehalten, um aus dem Evangelium vorzulesen und um in einem bestimmten Anliegen zu beten. Außerdem wird an jeder Station der sakramentale Segen in alle vier Himmelsrichtungen erteilt. Ein Baldachin bzw. Traghimmel gehört zur liturgischen Vorschrift des Festes.

In der Nachkriegszeit erfuhr das Fronleichnamsfest eine einzigartige Aufwertung: Ein Blumenteppich aus Farnkraut und allen Blumen, die die Gärten und Felder hergaben, lag auf der gesamten Wegstrecke von der Kirche zu den Altären. Mit der Blumenfülle lobte man Gott den Schöpfer und pries so die blühende Welt als eine Schöpfung nicht von Menschenhand.

Ein Blumenteppich schmückte den Weg, den der Priester mit der konsekrierten Hostie in der Monstranz und die Gläubigen gingen. Die Eichsfelder legten in mühevoller Kleinarbeit reich verzierte religiöse, meist eucharistische Motive, so auch 1958 in Mackenrode.

Zur Prozession legten die Orte stets Festschmuck an. Der Weg, den das Allerheiligste nahm, sollte zu einer Art „Prachtstraße" ausgebaut werden. Fahnen und Girlanden schmückten die Häuser. In die geöffneten Fenster stellten die Bewohner Heiligenstatuen, Kruzifixe und Blumen, wie hier 1958 am Pfarrhaus Mackenrodes.

Unter dem Baldachin in Effelder geht der Priester mit der Monstranz, in der sich der Leib Jesu Christi unter der Gestalt von Brot befindet.

Die Erstkommunionkinder des jeweiligen Jahres begleiten in der Fronleichnamsprozession das Allerheiligste in der Monstranz. Dazu haben sie noch einmal ihre Festkleidung angelegt. Größere und kleinere Kinder streuen Blumen – Eichstruth, 1959.

Fronleichnam 1955 am Anger in Dingelstädt: Vor dem Baldachin gehen Blumen streuende Mädchen, Graue Schwestern von der heiligen Elisabeth und Messdiener mit Fahnen.

Der SED-Staat erklärte Fronleichnam 1967 zum Arbeitstag, die Eichsfelder hielten in der Folge am Donnerstagabend oder am darauffolgenden Sonntag ihre Prozessionen ab. Wie hier 1969 in Effelder nahm die Bevölkerung fast geschlossen an der Feier teil.

Bei der Prozession und beim Segen mit der Monstranz trägt der Priester ein Velum, um die Monstranz nicht mit den bloßen Händen zu berühren. Pfarrer Albin Metze segnet das Dorf Eichstruth und seine Bewohner 1959 an einem der vier aufgestellten Freilichtaltäre.

Es war lange Zeit üblich, sich beim Segen mit dem Allerheiligsten niederzuknien, so auch am Hochfest Fronleichnam 1955 in Dingelstädt am Altar beim ehemaligen Krankenhaus.

– 11 –

Heimatprimiz

Priester werden als Mittler zwischen Gott und den Menschen betrachtet. Als Spender von heilsnotwendigen Sakramenten kommen ihnen eine besondere Bedeutung und ein hohes Ideal zu. Zum kirchlichen Brauchtum gehört es, dass die erste Messfeier („prima missa“) eines neu geweihten Priesters in seiner Heimatgemeinde ähnlich wie eine Hochzeit festlich begangen wird. Der Primizsegen – als „Erstlingssegen“ – steht bei der Bevölkerung in hoher Wertschätzung. Der Neupriester legt jedem die Hände auf und segnet die Gläubigen einzeln. Das Wirken des Priesters soll den Menschen Segen bringen. So hat die alte Volksweisheit gewiss recht: „Eine Primiz ist es wert, dafür ein Paar Schuhsohlen durchzulaufen.“

Der Primiziant wird am Ortseingang von einer Eskorte abgeholt und in das Dorf begleitet. Hier holen 1956 Reiter, Fahrradfahrer, die Jungfrauenkongregation und Jugendliche den Neupriester Heinz Göbel (1932–1989) vor Kalteneber ab.

Im Dorf angekommen, begrüßen der Ortspfarrer Wilhelm Metzler und ein Mädchen 1956 den Neupriester Heinz Göbel. Fast die ganze Gemeinde Kalteneber versammelt sich, um den Geistlichen zu empfangen.

Am Morgen seiner Primiz wird der Neupriester an seinem Elternhaus abgeholt. In Leinefelde stehen eine Blaskapelle, Ministranten und Klerus bereit, um mit dem Primizianten Raimund Fahrig 1962 zur Pfarrkirche zu ziehen, wo er seine erste Heilige Messe feiert.

Durch das festlich geschmückte Leinefelde führt die Prozession 1962 bei der Primiz von Raimund Fahrig. Die Priester Hans-Reinhard Koch, Richard Barthelmes und Achim Gunkel sowie die Eltern und Verwandten begleiten den Neupriester, der ein eigenes, neues Messgewand trägt.

Vom Elternhaus geht es in Prozession zur Kirche. Heinz Göbel trägt 1956 in Kalteneber einen grünen Kranz auf dem Kopf; eine Primizbraut präsentiert auf einem Kissen eine Primizkrone. Dahinter steht das Bild der geistlichen Hochzeit zwischen Christus und der Kirche: Der Primiziant repräsentiert Christus, den Bräutigam. Die Kirche, die Braut, ist durch die versammelte Gemeinde leibhaftig anwesend und kann sich in der Primizbraut noch einmal repräsentiert sehen.

Gruppenfoto in Breitenworbis 1969 bei der Primiz von Ottmar Wieg.

– 12 –

Messfeier und Liturgiereform

Die Feier der Heiligen Messe ist Quelle und Höhepunkt katholischen Lebens. In den meisten Orten des Eichsfeldes wurde täglich durch einen Priester die Messe gefeiert, an der viele Gläubige teilnahmen. Der Gottesdienst an den Sonn- und Feiertagen war damals sehr gut besucht: Fast niemand schloss sich aus, sodass bis zu 95 Prozent einer Gemeinde die Messe mitfeierten. Das Zweite Vatikanische Konzil (1962–65) brachte zahlreiche Erneuerungen: Verwendung der Muttersprache im Gottesdienst, Trennung des Hauptaltares von der Wand, Zelebration zum Volke hin, Zurücktreten der Seitenaltäre, Trennung von Tabernakel und Altar, Einführung von Priestersitz und Ambo, die Überarbeitung des Mess-Ordo, die Verminderung der heiligen Bilder im Kirchenraum usw.

Eine festliche Form der Messfeier war ein Levitenamt, bei dem der Priester von zwei Leviten, einem Diakon und einem Subdiakon (meist nur so gekleidete Priester), unterstützt wurde. Hier eine Aufnahme aus der Pfarrkirche Kirchworbis. Diese Form der Messe ist im ordentlichen Ritus nicht mehr möglich.

Gelobt und angebet
VENI SANCTE SPIRITU
ltarsakrament
161
119

◂ Eine neogotische Ausstattung schmückte die Kirche in Effelder ab 1904. Dazu gehörten ein Flügelaltar, eine Kommunionbank und eine Kanzel. Eine üppige Bemalung unterstützte die Raumwirkung. 1960 wurde all das entfernt.

In einigen Kirchen kam es infolge des Konzils zu Generalsanierungen, bei denen die bisherigen Ausstattungsstücke entfernt wurden und eine Umgestaltung des Altarraumes erfolgte. Ein Blick in die Wallfahrtskirche Germershausen 1965, als die neoromanischen Altäre, die Kommunionbank und die Kanzel von 1888 zerstört waren und Umbauten stattfanden.

◂ Eine umfassende Kirchenrenovierung wurde in Effelder ab 1959 durchgeführt. Eine schlichte Gestaltung des Innenraumes stand dabei im Vordergrund. Die „Transzendenz der weißen Wand“ ersetzt alles, was ablenkt und unwesentlich ist.

Die Kapelle im Altenpflegeheim St. Josef Breitenworbis vor und nach ihrer Umgestaltung 1967 gemäß den neuen Vorgaben des Zweiten Vatikanischen Konzils. Der Tabernakel wurde in die Wand eingelassen, sodass der neue Volksaltar umschritten werden kann.

– 13 –

Wallfahrten und Prozessionen

Das Wallfahrtswesen hat im Eichsfeld eine lange Tradition. Die bedeutendste Gnadenstätte ist der Hülfensberg bei Geismar mit dem romanischen Hülfenskreuz. Der Berg lag ab 1952 im streng bewachten Sperrgebiet an der DDR-Grenze zur Bundesrepublik, was den Wallfahrtsbetrieb enorm einschränkte. Ersatzwallfahrten wurden im Klüschen Hagis mit der Männerwallfahrt 1957 und auf dem Kerbschen Berg mit der Frauenwallfahrt 1961 gefunden. Die Wallfahrten in der DDR waren stets auch Ausdruck eines resistenten Verhaltens gegenüber dem totalitären SED-Staat. Die Predigten des Bischofs wurden als Ermutigung und Höhepunkte im Kirchenjahr angesehen.

Der Wallfahrtsort Maria in der Wiese in Germershausen ist seit Jahrhunderten ein Ziel für Menschen, die sich besinnen und hier ihren Glauben erneuern wollen oder die Trost und Zuversicht, Kraft und neue Hoffnung suchen. Hier die Wallfahrt 1964.

Bei der Pferdewallfahrt in Etzelsbach werden die Pferde um die Kapelle geführt, um die Fürsprache und den Schutz der Gottesmutter zu erbitten. ▶

Eine Pilgerin in Germershausen 1964.

Die Wallfahrt zum Hülfensberg am Dreifaltigkeitssonntag zog Tausende Gläubige an. Aus den Dörfern um Birkenfelde/Hohengandern pilgert eine Prozession durch Mackenrode. Eine große Kerze wird vorangetragen, die auf dem Hülfensberg geopfert werden soll. ▶

Ein Kreuzweg führt seit 1681 von Geismar hinauf zum Hülfensberg. An den Stationen wird des Leidensweges Christi gedacht. Die Gläubigen beten bei ihrem Aufstieg eine Kreuzwegandacht und betrachten das Leiden Jesu, das Trost bringt.

Auf dem Hülfensberg predigt der Bischöfliche Kommissarius für das Obereichsfeld, Propst Josef Streb aus Heiligenstadt, den Gläubigen, um 1958.

Die Wallfahrtskapelle Mariä Heimsuchung im Wald zwischen Wachstedt und Martinfeld ist seit 1957 Ort der Männerwallfahrt des Eichsfeldes und später auch aller katholischer Männer der DDR. (Georg Klingebiel)

◂ Bei der Männerwallfahrt 1963 sitzt der Erfurter Weihbischof Dr. Joseph Freusberg vor dem Altar. Der stellvertretende Generalvikar Dr. Maximilian Wenzel und Kommissarius Propst Josef Streb stehen neben ihm.

„Seht, das Lamm Gottes ..." Weihbischof Dr. Joseph Freusberg bei der Messfeier 1963 im Klüschen Hagis.

◂ Mehr als 20.000 Katholiken fanden sich am Hochfest Christi Himmelfahrt im Klüschen ein. 1967 wurde der Himmelfahrtstag als gesetzlicher Feiertag von der SED-Regierung abgeschafft. Die Wallfahrt fand ab 1968 am Sonntag nach Himmelfahrt statt. (Georg Klingebiel)

Ein prominenter Gast bei der Wallfahrt 1967 war der Vorsitzende der Berliner Ordinarienkonferenz, Erzbischof Alfred Bengsch aus Berlin (Mitte). Kommissarius Propst Josef Streb aus Heiligenstadt und Weihbischof Hugo Aufderbeck aus Erfurt begleiten ihn.
(Georg Klingebiel)

Der Heiligenstädter Pfarrer Georg Dirk teilt während der Männerwallfahrt die heilige Kommunion aus. Damals war es noch üblich, die Hostie nicht mit der Hand zu empfangen, sondern sie auf die Zunge gelegt zu bekommen. Eine unter das Kinn gehaltene Patene sollte eventuell herabfallende Partikel auffangen.
(Georg Klingebiel)

Eine Wallfahrt ist immer auch ein Wirtschaftsfaktor. Unterhalb der Kapelle Hagis wurde früher und wird noch heute anlässlich der Männerwallfahrt Bier verkauft. Die Bierkästen tragen die Aufschrift „VEB Brauerei Neunspringe Worbis". (Georg Klingebiel)

Weihbischof Hugo Aufderbeck feiert 1964 ein Pontifikalamt zur Frauenwallfahrt. Ein Freiluftaltar wurde auf dem Kerbschen Berg aufgestellt, damit die Menschenmassen den Gottesdienst mitverfolgen konnten.

Die Zahl der Teilnehmerinnen bei der Frauenwallfahrt hatte in den 1960er-Jahren einen Höchststand erreicht. Mehr als 15.000 Frauen nahmen als Wallfahrerinnen an der Messe auf dem Kerbschen Berg bei Dingelstädt teil.

Ein Blick vom Kirchturm der Kleinen Kirche in Dingelstädt zum Anger zeigt die Prozession der Gläubigen am Fest Mariä Geburt 1963 zur Pfarrkirche. Die Wallfahrtskirche Maria im Busch mit ihrem Gnadenbild der Pieta ist das Ziel der Wallfahrer.

Kurzchronik

1950 Heiligenstadt wird Heilbad.

1952 Ausbau der Grenzbefestigung, Errichtung einer Fünf-Kilometer-Sperrzone und eines 500-Meter-Schutzstreifens. Im Eichsfeld waren davon über 50 Gemeinden mit mehr als 30.000 Einwohnern betroffen. Zwangsaussiedlungen politisch unliebsamer Menschen aus dem Grenzgebiet der DDR.

1952 Aufhebung der Länder und Bildung von Bezirken. Das Obereichsfeld wird dem neuen Bezirk Erfurt zugeteilt. Es entstehen wieder die Kreise Heiligenstadt und Worbis. Ein Landkreis Duderstadt besteht von 1885 bis 1973.

Schilder markierten den Beginn des Grenzgebietes der DDR, hier bei Schönau.

1953 Volksaufstand in der DDR am 17. Juni, so u.a. auch in Großbartloff.

1953 In Erfurt wird ein eigener Weihbischof für den Ostteil der Diözese Fulda und damit für das Obereichsfeld eingesetzt.

1954 Einführung der staatlichen Jugendweihe als sozialistischer Ersatzritus. Das Eichsfeld generiert die DDR-weit niedrigsten Teilnehmerzahlen.

1959 Eichsfeldplan der SED: Der massive Ausbau der sozialen, kulturellen und wirtschaftlichen Infrastruktur sowie die Ansiedlung gigantischer Industriebetriebe werden beschlossen.

1960 Das Eichsfeld ist vollgenossenschaftlich – alle bäuerlichen Einzelbetriebe sind in einer Landwirtschaftlichen Produktionsgenossenschaft (LPG) aufgegangen.

1960 Einführung der zehnklassigen Allgemeinbildenden Polytechnischen Oberschule (POS).

1961 Die innerdeutsche Grenze wird ausgebaut und unpassierbar gemacht. Erneut Zwangsaussiedlungen politisch unliebsamer Menschen aus dem Grenzgebiet der DDR.

1962–65 Zweites Vatikanisches Konzil mit zahlreichen Neuerungen für das kirchliche Leben.

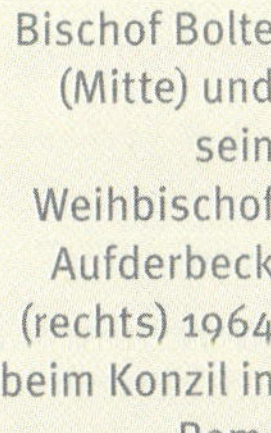

Bischof Bolte (Mitte) und sein Weihbischof Aufderbeck (rechts) 1964 beim Konzil in Rom.

1964 Bundespräsident Heinrich Lübke besucht Duderstadt und die innerdeutsche Grenze.

1964 Erstmals dürfen Altersrentner mit einer Reisebescheinigung ein Mal jährlich für höchstens vier Wochen wieder in die Bundesrepublik reisen.

1964 Das Kreiskulturhaus in Heilbad Heiligenstadt wird am 31. Dezember eröffnet.

1965 Gesetz über die Gestaltung des einheitlichen sozialistischen Bildungssystems mit Durchsetzung eines staatlichen Totalanspruchs auf den Menschen.

1965 Eine Zonenrandförderung wird in der BRD beschlossen, um die Nachteile der Grenzlage auszugleichen. Der Kreis Duderstadt hat daran Anteil.

1967 Der SED-Staat erklärt den Ostermontag, den Fronleichnams- und den Himmelfahrtstag zum Arbeitstag. 1968 muss diese Regelung erstmals angewendet werden.

1969 Das Dorf Leinefelde erhält das Stadtrecht und soll zur sozialistischen Musterstadt ausgebaut werden.

Buchhinweise

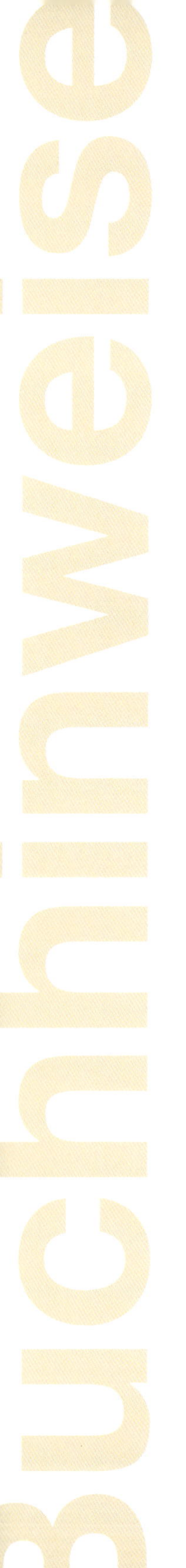

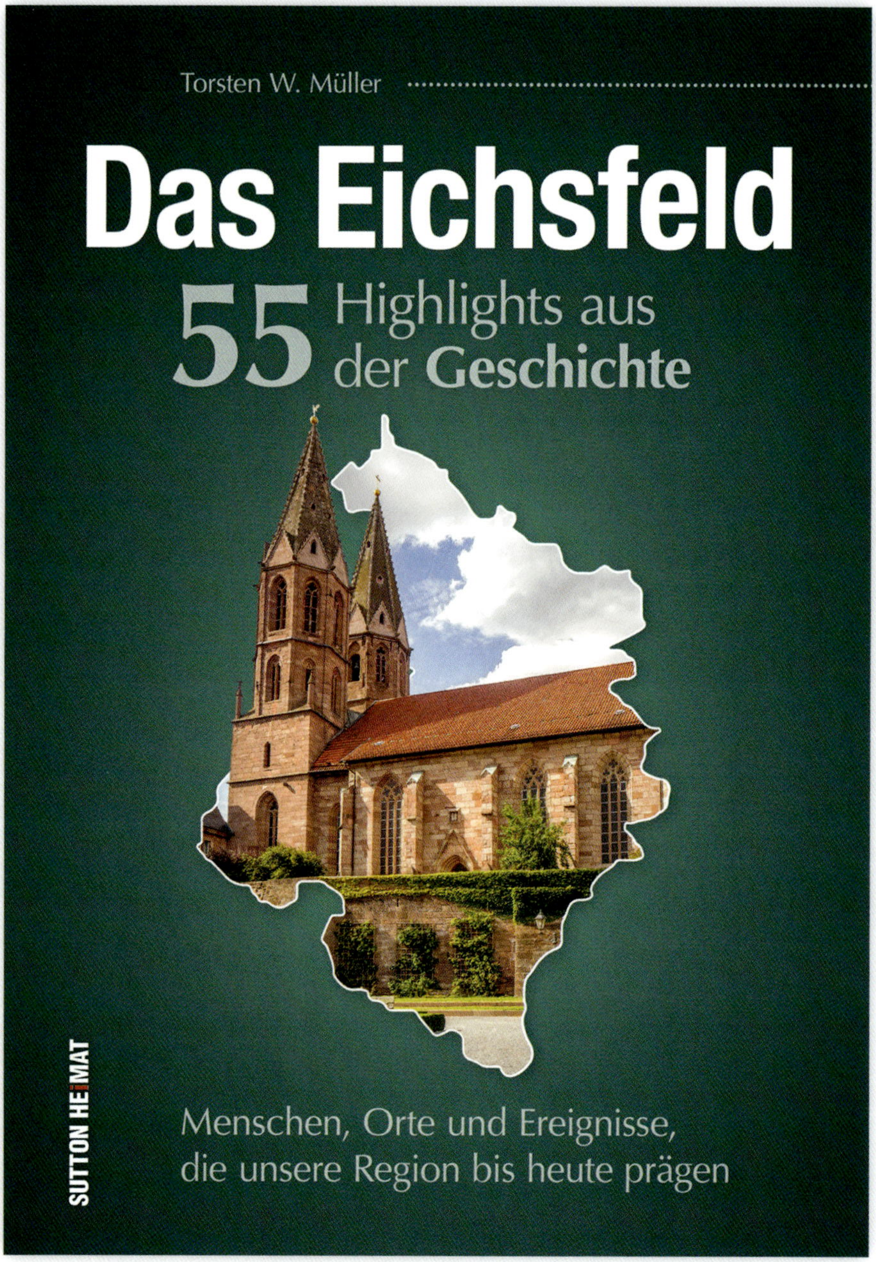
Torsten W. Müller
Das Eichsfeld
55 Highlights aus der Geschichte
SUTTON HEIMAT
Menschen, Orte und Ereignisse, die unsere Region bis heute prägen

Das Eichsfeld
55 Highlights aus der Geschichte

Torsten W. Müller

978-3-96303-170-0 | 19,99 €

Buchhinweise

Das Eichsfeld
Farbfotografien aus den 30er- und 40er-Jahren

Torsten W. Müller

978-3-95400-749-3
19,99 €

Eichsfeld
Fotoschätze aus den 70ern und 80ern

Torsten W. Müller

978-3-95400-960-2
19,99 €

Weitere Bücher aus Ihrer Region finden Sie unter:
www.suttonverlag.de